Inhalt

Business Intelligence

Kernthesen

Beitrag

Fallbeispiele

Weiterführende Literatur

Impressum

GENIOS WirtschaftsWissen Nr. 01/2003 vom 31.01.2003

Business Intelligence

F.Muretta

Kernthesen

- Mit Business Intelligence sind im weitesten Sinne alle Konzepte, Methoden und Technologien gemeint, die bei der Aufgabe mitwirken, entscheidungsrelevante Informationen für das Unternehmensmanagement auszuwerten und bereitzustellen. (1)
- Business Intelligence soll Unternehmen zu einem besseren Einblick in die betrieblichen Abläufe und Zusammenhänge verhelfen, indem es das bestehende Informationspotenzial einer Unternehmung konsequent und funktionsbereichsübergreifend nutzt. (3)
- Der Business Intelligence-Prozess generiert zusätzliches Wissen in der Unternehmung,

welches Anstoß für weitreichende organisatorische Veränderungen sein kann.
- Business Intelligence umfasst ein sehr breites Anwendungsfeld; z. B. die Unterstützung des Business Performance Managements und Risikomanagements, die Optimierung unternehmensübergreifender Wirkungsketten und insbesondere weitreichende Einsatzmöglichkeiten im analytischen Customer Relationship Management. (1)

Beitrag

Das Begriffsgebilde Business Intelligence hat sich in den letzten Jahren fest im Umfeld der entscheidungsunterstützenden betrieblichen Konzepte und Systeme etabliert. Allerdings existiert bisher noch keine allgemein gültige Definition. (1)

Technologischer Ansatz

Aus technologischer Sicht lassen sich sämtliche IT-Softwaresysteme zu Business Intelligence zählen, die der Entscheidungsunterstützung des Managements dienen und somit einen besseren Einblick in die innerbetrieblichen Wirkungszusammenhänge ermöglichen sollen. Damit lassen sich also alle Werkzeuge und Anwendungen unter Business Intelligence subsumieren, die operative und externe Daten zur Wissensgenerierung aufbereiten und speichern, sowie die Auswertung, Interpretation und Präsentation des Wissens vornehmen. (1)

Diesem sehr weit gefassten Erklärungsansatz kann eine engere technologische Definition entgegengehalten werden, die lediglich diejenigen IT-Systeme miteinbezieht, die letztendlich zu einem besseren Einblick in die Unternehmensinterna führen; also insbesondere Data Mining und OLAP Produkte, sowie darauf aufbauende Systeme, welche für das Management relevante Informationen interpretieren und präsentieren. IT-Systeme zur Bereinigung, Vereinheitlichung und Aufbereitung der Datenbasis werden hier als Grundlage vorausgesetzt und deshalb nicht explizit zur Gruppe der Business Intelligence Systeme gezählt. (1)

Prozessorientierter Ansatz

Im Gegensatz zur rein technologischen Sichtweise kann Business Intelligence auch als Prozess verstanden werden, der aus den verfügbaren

Unternehmens-, Markt- und Wettbewerbsdaten Wissen generiert, welches Aussagen über Lage, Potentiale und Aussichten des eigenen Unternehmens und der Wettbewerber zulässt. Zusätzliches Wissen über die betrieblichen Zusammenhänge führt zwangsläufig zu Maßnahmen, welche vorhandene Strukturen und Abläufe modifizieren. So kann es auf der einen Seite dazu verwendet werden, einmalige operative Maßnahmen, z. B. Marketingaktionen, zum Erfolg zu führen, auf der anderen Seite aber auch weitreichende organisatorische Veränderungen, z. B. in der betrieblichen Aufbau- und Ablauforganisation, anstoßen.

Probleme

Die Verbreitung der Internet-Technologie, der zunehmende Einsatz von IT-Systemen und die wachsende inner- und zwischenbetriebliche Vernetzung haben in den letzten Jahren zur Entwicklung einer Vielzahl von neuen IT-Lösungen geführt. In vielen Fällen werden Systeme jedoch abteilungsbezogen mit isolierter Datenhaltung betrieben. Auf Basis einer solchen vertikalen IT-Organisation ist die Auswertung aller im Betrieb vorhandenen Informationen nur über viele meist manuell auszuführende Einzelschritte realisierbar. Zudem ist es unmöglich, zeitnahe Echtzeit-Auswertungen vorzunehmen, wenn die aus einem stufenweise aufgebautem Data Warehouse stammenden aufbereiteten operativen Daten nicht aktuell sind.

Wissenschaft und Praxis sind sich darüber einig, dass die bisherige Vorgehensweise des stufenweisen Aufbaus von Data Warehouses zu unstrukturiert war. Um den heutigen technologischen Möglichkeiten gerecht zu werden, muss ein ganzheitliches und geschlossenes Konzept für Business Intelligence geschaffen werden. Dazu ist eine unternehmensweite Integration der relevanten IT-Systeme unumgänglich. (3)

Nicht nur die technologischen Probleme sind verantwortlich für die heute erst in Ansätzen erkennbare Nutzung des Informationspotenzials der Unternehmen. Auch in organisatorischer Hinsicht erfordert die IT ein angepasstes Konzept. In den Köpfen der Mitarbeiter muss ein Bewusstsein für die Notwendigkeit der IT-Kompatibilität der Geschäftsabläufe geschaffen werden. Damit alle Beteiligten am gleichen Strang ziehen, müssen sie entsprechend ihrer Funktion in die Unternehmensstrategien und -ziele eingebunden werden. Starre, anweisungsorientierte Hierarchien sind hier fehl am Platze. Auch die Verteilung des mit Hilfe von Business Intelligence generierten Wissens muss wohldurchdacht vorgenommen werden, damit jeder Mitarbeiter genau auf diejenigen Informationen Zugriff bekommt, welche er bei der Erledigung seiner Aufgaben benötigt. (3)

Potenziale

Mit Hilfe eines geschlossenen Business Intelligence-Konzeptes ist mehr möglich als die Auswertung von historisierten Daten und die anschließende Planung von Maßnahmen. Business Intelligence kann als kontinuierlicher Prozess verstanden werden, der es ermöglicht, eine ständige dynamische Anpassung der Organisation an das sich verändernde Umfeld zu gewährleisten. (2)

Im Folgenden sind einige konkrete Anwendungsbereiche aufgezählt:

- Business Performance Management
- Optimierung von Logistikketten
- Value Based Management
- Risk Management
- Balanced Scorecards
- Systeme zur Betrugsaufdeckung

- Cross- /Up-Selling
- One-to-one-Marketing (1)

Fallbeispiele

Referenzarchitektur integrierter BI-Lösungen

Angesichts der vielen unterschiedlichen Facetten von Business Intelligence erscheint es sinnvoll, eine Unterteilung in drei Schichten vorzunehmen. Die unterste Schicht (Datenbereitstellung) gewährleistet einen bereinigten, abgestimmten Datenpool, der aus operativen und externen Daten gespeist wird. Die Bereitstellung erfolgt in Data Warehouses. Eine spezielle Form stellt dabei der sog. Operational Data Store (ODS) dar, der im Gegensatz zu den eher analytisch auslegten Data Warehouses aktuelle transaktionsorientierte Daten vorhält. In der zweiten Schicht findet die Wissensgenerierung, -speicherung und -verteilung statt. Hierzu gehören Analysesysteme wie z. B. Online Analytical Processing (OLAP) und Data Mining, aber auch Content Management-Systeme, die strukturiertes und unstrukturiertes Wissen speichern und bereitstellen. Die letzte Schicht (Wissenszugriff), bedient sich der vorgeschalteten Analysesysteme und stellt dem Endanwender die eigentliche Business Intelligence Funktionalität zur Verfügung. Im besten Fall sollte jeder Mitarbeiter seinen Befugnissen entsprechend auf die für ihn relevanten Informationen zugreifen können. (1)

Syskoplan / Bertelsmann Buchclub

Der IT-Dienstleister Syskoplan hat für den Bertelsmann Buchclub eine Planungsapplikation entwickelt, mit der die Wirkung von laufenden Werbekampagnen anhand der Anzahl der Neukunden pro Tag gemessen werden kann. Für die Einführung einer Business Performance Management-Lösung unter Verwendung von SAP SEM und dem dazu benötigten Business Warehouse benötigt Syskoplan nach eigenen Angaben 30-40 Manntage ein bestehendes Data Warehouse vorausgesetzt. (3)

Cognos / DHL

In den Jahren 2000 und 2001 hat DHL rund 500.000 Euro in eine webbasierte Business Intelligence-Lösung der Cognos GmbH investiert. Bereits nach einem Jahr hat sich die Investition infolge direkter Kosteneinsparungen amortisiert. Mit einem weiteren Amortisationsgewinn in Höhe von einer halben Million Euro rechnet DHL bis Ende des Geschäftsjahres, da mit geringeren Kosten für IT-Schulung und Administration sowie mit einer Produktivitätssteigerung zu rechnen ist. (4)

Weiterführende Literatur

(1) Kemper, Hans-Georg / Unger, Carsten, Business Intelligence BI, Controlling, Heft 11/2002, S. 665-666
aus WirtschaftsBlatt, 06.11.2002, Nr. 1742, S. A3

(2) Richtig steuern und führen
aus Frankfurter Allgemeine Zeitung, 14.10.2002, Nr. 238, S. 26

(3) Business Performance Management schließt operative Daten ein / Business Intelligence - die nächste Runde, Computerwoche, 18.10.2002, Nr. 42, S. 16-17
aus Frankfurter Allgemeine Zeitung, 14.10.2002, Nr. 238, S. 26

(4) Wo bleibt der ROI? - Die 15 Anbieter der 6. BARC-Tagung "OLAP und Business Intelligence" antworten zum Thema
aus is report, Heft 11/2002, S. 14-21

(5) Neues bei OLAP und Business Intelligence - Erste Ergebnisse aus der 3. Auflage der BARC-Studie "OLAP und Business Intelligence"
aus is report, Heft 11/2002, S. 10-13

Impressum

Business Intelligence

Bibliografische Information der deutschen Nationalbibliothek

Die Deutsche Nationalbibliothek verzeichnet diese Publikation in der deutschen Nationalbibliografie; detaillierte bibliografische Daten sind im Internet über http://dnb.d-nb.de abrufbar.

ISBN: 978-3-7379-0865-8

© 2015 GBI-Genios Deutsche Wirtschaftsdatenbank GmbH, Freischützstraße 96, 81927 München, www.genios.de

Alle Rechte vorbehalten. Dieses Werk ist einschließlich aller seiner Teile – z.B. Texte, Tabellen und Grafiken - urheberrechtlich geschützt. Jede Verwertung außerhalb der Grenzen des Urheberrechtsgesetzes bedarf der vorherigen Zustimmung des Verlags. Dies gilt insbesondere auch für auszugsweise Nachdrucke, fotomechanische Vervielfältigungen (Fotokopie/Mikroskopie), Übersetzungen, Auswertungen durch Datenbanken oder ähnliche Einrichtungen und die Einspeicherung und Verarbeitung in elektronischen Systemen.